JN440030

오늘은 더욱 낯설어

오늘은 더욱 낯설어

임향식 시집

그루

시인의 말

무엇을 잃어버렸나!

내가 가을 같고
가을이 나 같은 날
지나가는 가을 부스러기들을 모아 놓고
구름 한 점 없이 파란 하늘을
렌즈에 담아 본다

마치 내 청춘을 당기듯

설익은 모습을 감추려
모자를 눌러쓰고
보내고 싶지 않은 가을 끝을 꽉 잡아 보지만
어림없는 고집불통

내가 딸려갈 것 같아
버티고 신 끝자락

임향식

차례

제2부 제비는 오지 읺있다

제3부 뚜 바 비앙

제4부 오늘은 더욱 낯설어

제5부 테라리움의 나뭇잎

제1부 풍경 속으로

풍경 속으로

오월이 펼쳐 놓은
연록의 화면 속으로
산자락을 끼고
강둑을 굽이도니
음매 음매 아기염소
귀여운 뜀박질
해는 기울어
산 그림자 강물에 젖는다

가마솥 누룽지
구수한 숭늉 맛
산골 마을 굴뚝에서
모락모락 피어오르고

농부의 풀 지게
허기가 서려
집으로 향한 종종걸음
뱃속은 꼬르륵

마음은 벌써
된장국에 밥 한 사발
마파람에 게 눈 감추듯

발걸음은 더디기만 하다

초원

봄바람에
보리밭이 해일처럼 일렁인다

반짝이를 풀어놓은 듯
논두렁 밭두렁 아지랑이 피는 들판 길

하얀 주름치마 상앗빛 블라우스
춤사위를 하는 머릿결에
발을 맞춘 핑크빛 샌들

향긋한 풀냄새에 취했나

가슴을 관통하는 휘파람 하모니

깜짝 놀라 돌아보니
군용트럭 뒤쪽에서
소복이 내미는 똑 닮은 얼굴들

＊시작 노트

내 나이 스물두 살 때였다
경주 남산순환도로를 닦는 공사에 수감자 일천 명이 동원되었고
그들을 관리하는 군부대가 파견되었다
영관급인 단장을 비롯하여 장교들이 민가에 세를 들어온 것은
두근두근 즐거운 소란이었다
무더기로 쏟아지는 휘파람 세례에 내숭으로 일관해도
아가씨들 속마음은 꽃망울로 벙글었던
아~ 그때 그 사바나의 초원 같은,

아코디언

'가려면 가지 왜 돌아보오'

수축과 이완 밀당의 고수죠
너무 울리지는 말아요
슬픔이 뼛속까지 파고들어요

바람과의 미팅인가요

바다가 보이는 언덕에서
아코디언 연주자가 심장을 쥐어짜면
파도가 학습하네요
밀려갔다 밀려왔다
철썩철썩

아름다운 화음이에요

해초들의 퍼포먼스
아이 어른

수영복들이 환호성을 지르며
주름 속으로 뛰어들어요

따라가면 안 되는데…

펴는 건 좋아요
제발 쭈그리지 말아요
당신 닮으면 내 얼굴 책임질래요?

해안

동그랗게 둘러앉은 해안선
초여름 밤바다엔 물결도 숨을 죽인 때
낙산사 법고 소리 새벽을 깨우고
어둠을 밀어내는 염불 소리
모래톱을 따라 도네

섬세한 그 남자는 모래 작가이었나

백사장에 빚어놓은 거대한 인어 공주
승천이라도 하려는 듯
구 불 텅 지느러미를 흔드는
환각의 시뮬레이션

해맞이를 나온 사람들
민망한 거래를 배려하듯
만 원짜리 한 장씩을 모래밭에 묻어주며
사진을 찍네

사투리에 찍혔나
고향이 어디냐고 묻네요

동향이라 반갑다며
공짜로 찍어준 사진 속에
젊음이 파도처럼 출렁였던
일출보다 더 환한 그날의 해안解顔은

삼총사의 짜릿한 일탈

모래의 독백

—파도에게

썰물이 밀고 간 해안선
뜨거웠던 시간들을 씻어 가버린 뒷얘기는
해독이 어려운 침묵의 언어일 뿐
텅 빈 여백

시도 때도 없이 선을 넘실거리는 파도

해와 달
수많은 별 등을 달아준 하늘이 좋아
너의 고백을 받아들일 수 없는데
파랗게 멍든 너를 어쩌나

순간순간 스파크를 일으켜도
삼켰다 뱉었다 너의 습성을 알기에
따라가지도 돌아서지도 못하고
오늘도 그 자리에서 발만 적신 채

햇살에 반짝이는 것은 모래로 남아 있네

몽돌

—처음부터 요렇게 태어났어?

—엄마가 모난 것을 밀어내어
굴리고 굴려서
닳고 닳아서 둥글어진 것이다

반질반질 윤이 나는 야무진 알들
바다는 요리조리 공글리며
씻기고 말렸다

달그락달그락 겉멋만 들고
깨치지 못한 알들을 보듬으며
어미의 울음은

오늘도 철썩철썩 가슴을 친다

운다고 올까요

한 달 남짓 짧은 생을
울음으로 마감할래?
베짱이처럼 배짱도 없으면서
온 천지가 매미 소리잖아

소리라고 쳐
시대착오적 발상이지
지금은 모두가 가수거든
간택이 쉽지 않아
날개를 두고 왜 앉아서 애를 끓여

기다림을 미덕으로 알았던
어느 여인이 그러데
콧대를 높인 것이 실수
내숭은 절연이었다고

등 떠밀려 만난 짝이
늘 외풍에 흔들렸거든

수컷이 다 그렇지 뭐 했는데
바람의 방향이 바뀌었을 땐
오히려 덜컹

내풍!
그건 분명 불협화음이었다고

아쉬움

지구를 담금질하던 태양열
가을 문턱에서 풀이 죽고
땀 냄새 끈적이는 힘겹던 여름도
보내는 마음은 아쉬움만 남는다

녹음이 촘촘한 정자나무 아래
매미 소리 장단 맞춰 부채질하며
이웃과 마주하던 격의 없는 대화들
갈바람에 하나둘 자리를 떠나고
덩그렇게 남은 빈자리 외롭다

하늘은 드높아 조각구름 한가롭고
귀뚜리 이별엽서 상심한 나뭇잎
떠날 채비 서러워 눈시울 붉히는데
이집 저집 문 닫는 소리 덜커덕

여름내 어질러 놓았던 가슴도 닫는다

찔레꽃

소복소복 속마음 내어놓고
흔적 없이 사라진
절벽 아래 피었던 하얀 찔레꽃

봄은 또 백지로 남아
지워진 길 위에 줌을 당겨도
클로즈업이 안 되는 시간 너머

지금 어디 있나요?

장미의 초대

가시가 무성한 장미 넝쿨 아래
오도카니 오금 저린
달맞이꽃 하나
무엇이 무서워
어두운 밤에 피었다가
그토록 움츠렸나

움츠린 너에게 연민을 느낀 나도
누군가의 기세에 눌린 탓일까
작은 씨앗을 품은
노랑나비 날개 같은
풀밭에 있었으면 늘씬한 고운 미모
한가락 했을 너

괜찮아
자연의 곳곳에서
시인들의 글 밭에서도 왕성한
인기도 약성藥性도 좋은 너는

꽃도 열매도 귀한 존재니까

나 너를 닮아가고 있어

첫 행에 사랑을 싣지만 않았어도

여지가 있었을까

별이 된 후에야 알았어
출구 없는 통로에서 얼마나 헤맸는지

푸른 신호등을 열어 놓고
사랑 몰이를 하던 고3이었던 너를
그 한 살이 뭐라고
누나라면 몰라도 사랑이 말이 되느냐고
답장은 빌미가 될까 봐
이백 리 먼 길을 좇아가며 다그쳤던

철부지라 생각했었어

네가 대학 2학년 때였지
향아? 누나? 향아? 누나?
백지 한 장을 빼곡히 메운
깨알 같은 물음에도 침묵으로 일관했던

때를 기다리고 있었을 그에게
나의 이른 결혼은 비보였을까
사색이 되어 울 엄마를 찾아갔던
의남매란 이름으로 내 남편을 불러냈던

한이 될 줄은 몰랐어

봉건적 사상이 농후하던 그땐
너그러울 수도
예의를 갖출 수도 없었다고 전하고 싶어

기다려 줄래?
다음 생엔 내가 너를 찾을게
마음을 받아주진 못했지만
나도 평생 연애편지는
네가 보낸 몇 장이 전부였어

속울음

더위에 지친 바람은 졸고
가을비 소리 없이 자욱한데
너의 흔적
너의 향기
아직은 푸르른 잎새 끝에
방울방울 맺혀 우는

'말없이 건네주고 달아난 차가운 손'*

창을 가리는 희뿌연 성에는
미성숙의 순수인가
이별은 아직도 귓가에 먹먹한데
사랑은 가고 노래는 남아
불면으로 지새울 밤이
시나브로 젖고 있다

비가 그치고 갈바람 불어
무서리 내리면

다 내려놓는 나무처럼

너도 없는 가을 하나
초연히 받아먹어야 하나

빨갛게 단풍 물이 들겠다

*어니언스 '편지' 중에서

제2부 제비는 오지 않았다

오도독

네 탓 내 탓 할 겨를도 없이
훅 들어온 마스크
비록 손은 들지 않았지만
입이 막혔다는 건
변명의 여지가 없다는 거죠

겨울엔 추위보다 두려움에 떨었지만

섭씨 40도에 육박하는 한여름
함구緘口하고
숨을 턱에 걸고
쥐락펴락 덫에 걸린 이 상황을
어떻게 풀어야 하죠

지구의 용틀임에 처방은 있는지

환기를 시켜도 개운찮은 것에 대하여
오도독오도독 되씹어야 할 일

자연에 대한 예의 혹은 수칙이죠

문명을 되돌릴 수도 없는데

함부로 한 시간이 너무 길었네요
될까요
결자해지結者解之

2020년 여름

겨울꽃 혹은 불청객

이 꽃 저 꽃
눈빛이 흩어지는 봄을 피해
황량한 겨울 독무대에 선 시클라멘

그가 그렇듯
엉뚱한 이탈자가 있었네
상상의 날갯짓으로 꽃술에 현을 뜯는
붕붕대는 뒤영벌의 비브라토
무리를 벗어난 차갑고 말똥한 겨울
베란다의 햇살

철통 방어를 해도
니치 마케팅에 열을 올리는 코로나19
빌미를 주는 하룻강아지들

팬데믹 시대의 인생 이야기
생애 첫 경험
격리, 미궁, 막막함, 그래도

겨울꽃 시클라멘처럼
희망의 끈을 꽉 잡은

비대면의 효과음 홀로 중얼중얼

제비는 오지 않았다

빨랫줄에 어미 연자燕子와
아기연자 다섯을 줄지어 앉히고
바지랑대 꼭대기서 아비가
윤리에 대하여 강의를 하고 있다

너의 어미와 나는 삼월삼짇날 이곳에 와서
뱀과 살쾡이의 날 선 눈길 속에서도
집주인의 보살핌 덕분으로
너희들을 낳아 이만큼 키웠다
대대로 이어온 은혜 명심하고
겨울이 오기 전 빨리 강남으로 떠나자

—아빠! 내년 봄엔 제삼국으로 가야지 않을까요

북녘 하늘엔
쟁그랑쟁그랑 핵폭탄 소리가
광화문 광장엔
삼강오륜이 깨어지는 사생결단의 소리가

자식은 촛불을 들고
부모는 태극기를 들고

2017년

길 위의 남자

관제소 모니터에
꼬물꼬물 갈지之자를 쓰는 남자

풀어진 눈동자 바람에 흩날리며
하늘을 날고 싶었나

두 팔을 벌려 퍼덕여 보지만
해파리처럼 흐느적거리며 무너지는 남자

중얼중얼 새는 발음이
질질 보행로를 끌고 가다, 울컥
소화시키지 못한 어제오늘을 다 게워낸다

복잡한 속내를 정리하듯
자유로이 떠 있는 흰 구름에
잠시 시선이 머물다가
평화 협상이라도 한 듯
웃옷을 벗어 안방처럼 접어놓고

길바닥에 등짐을 풀었다

—아저씨! 아저씨 빨리 일어나시오
댁이 어디십니까?

강제로 태워진 차 안에서
다그쳐 묻는 경찰의 물음에
집은 떠오르지 않고 흔들리는 기억 너머
마누라 바가지 소리만 난무한다

소나기 펀치

시나브로 젖는 가랑비
오다가다 여우비
추적추적 궂은비도 말고
이슬인지 안개인지 한 치 앞이 안 보이는
는개는 더욱 말고

쨍쨍한 여름날
느닷없이
불기둥을 휘두르며 우르르 쾅쾅
천둥을 동반한 먹구름
소낙비를 쏟아내면
물방귀 동동 띄운 마당 물
수구로 말려들고
시름을 거두어
냇물을 강물로 불리며 바다에 들어
기질을 삭이는 남자

기다린다고 오는 건 아니지만

가끔
소나기 펀치 꿈꾼 적 없나요?

갈증을 잠재울

비 오는 날의 파수꾼

구부러진 골목길 모퉁이에
그녀의 유방처럼 둥글고 환한 가로등
언제부터 거기에 고집스레 서 있었나

온갖 수캇들이 다리를 치켜들고
주정꾼이 울컥울컥 사랑을 고백해도
미동도 없이 제자리 지키고 선 올곧은 너

그 옛날 첫사랑을 보내고 너를 안고 울었던,

비 오는 여름밤 비릿한 몸을 씻는
너의 이슬 맺힌 눈동자는
하루살이 공연이 위로가 되겠냐만

난 오늘도 첫사랑 순이 생각에 젖을 뿐

하품을 하고 싶다

찢어지게 입을 벌려 속내를 드러내고
덕뼈가 우두둑거리도록 하품을 하고 싶다

북적이는 지하철에서
낯선 어깨에 기울어 코를 골다가
무심히 빠져나간 의자에 코방아를 찧어도 좋을
그런 잠의 전조증 하품을 하고 싶다

유행성 독감은 뒤질세라 반응이 빠른데
전염성이 강한 하품은 왜 나오지 않는 걸까
내 안에 산소가 자생하나
혹시 전생에 기린이었나

책 속에 얼굴을 묻고
TV는 밤새 혼자 놀고 램프는 지켜보고
머리만 붙여도 잠이 드는 그런 잠을 자고 싶다
하품을 하고 싶다

목젖이 그네를 타는……

미니멀 라이프

어쩌면 그는
처음부터 미니멀리스트였는지도 모른다

뜬구름에 비유하면
턱없이 부족한 세간살이지만
그래도 아쉬움이 없었던 건
이름 없는 풀꽃도
새들의 노래도
소속되지 않은 모든 것이 제 것인 양
마음이 넉넉한 덕이었다

소소한 것이라도
갈피에 숫자로 꽂아두면
든든한 버팀목이 된다는 여유
작은 꽃들이 모여
큰 울림을 주는 개망초처럼

과하지 않은 향기

시인이란 또 다른 이름에 누가 되지 않을
투명한
그만의 문체를 만들어 가는

중요한 일, 집중하는 것에 의의를 두는

행렬

도로인지 주차장인지 분간이 어렵소

넓은 교차로 빼곡히 들어선 자동차
일탈을 위한 숨 고르기 좀 보소

인도를 걷는 옛날의 시선이 울퉁불퉁
비포장길 소달구지처럼 덜컹거리오

꼬리물기
끼어들기
한 대 두 대 추월을 이어가는 차
뒤태가 민첩하오

풍경도 낭만도 없는 고속은 말고
꽃도 보고 임도 보고
유유자적悠悠自適하시오

모두가 베테랑

근심은 비우고
웃음으로 가득 채운 귀갓길
요리조리 찾아드는 반가운 행렬 좀 보소

하이힐

그때는 그래도
아담 사이즈 158+9
앞창을 높이지 않으면
9cm가 최고의 굽이지

시간이 휘어져도
초록이 갈색으로 변하여도
떨어지는 것이 낙엽인 줄 몰랐다
힐의 전성시대는
연골의 수난 시대
압착은 밀도의 상징인데
출력에만 몰두하는 신身

의사 선생님은
높은 굽은 안 된다고
갈등을 부추기고
운동화도 멋이 나는 멀대 같은 친구는
덜 아파서 그렇지

그 나이에 왜 그러냐고 하지만

마지막 날숨을 길게 뿜어내는 날
빵빵한 허파에도 바람이 빠지려나

내시경

마른 가지를 딛고

붉으락푸르락
내 안에 뭐가 있는지
거울에게 물었다

—꽃망울이 맺었어요

찬 바람 눈보라에도
쉼없이 술렁이던 그것이
꽃잎의 태동이었네

우수 경칩 지났으니
꽃 피는 건 당연한 이치인데
왜?
그렇게들 놀라나

조가비의 꿈

물방울무늬 하얀 치맛자락으로
바다는 다글다글 모오리돌에 잘박거린다

갯벌을 잃어버린 조가비
몽돌 옆에 엎드려 해맑은 친구들을 보며
헤벌쭉 웃음을 흘리다가
앨버트로스의 날갯짓에 화들짝 굳어버린 딸꾹질
내어 줄 속도 없이…

틈새를 공략하는 밀물 썰물

경계를 허물어
미역 다시마 고래 등에 업혀 온 새우까지
출렁이는 온갖 지느러미 한 행에 모아두고
바람을 잠재워
파란 수평선에 붉은 석양을 담아 봐

개성이 살아있는 아름다운 풍경

내일 아침 해가 뜨면
조가비의 속살도 생성하겠지

제3부 뚜 바 비앙

말하는 도서관

전생은 명문 호는 대봉*
많은 후학을 양성하여 덕망이 높았던
은퇴는 끝이 아닌 새로운 시작

아침 햇살에 빛나는
2·28기념학생도서관
내용은 정정당당正正堂堂
이미지는 위풍당당威風堂堂

학생이 아니어도 출입이 자유롭고
다양한 프로그램 배움의 향기
흡수력이 대단하다

방향을 가리지 않는 서가書架
질서정연하게 줄지어 기다리는 책
무수한 단어들이
이야기들이 말을 걸어온다

심장을 난타한다
내 안에 우리 안에
무한정 잠재해 있는 엘리트 문장들
깨어나라
깨어나라고

* 시립 '대봉도서관'을 '2·28기념학생도서관'으로 개명 이전하였다.
2020년 5월, 1주년 기념 문학상 전국공모전 '장려상' 작품

뚜 바 비앙

—눈물에 얼비치는 딸 같은 엄마에게

박꽃이 하얀 박꽃이
아직 때 묻지 않아서
그토록 슬프게 우나 보다
벽을 허물지 않아도
시간이 지나면 내성이 생기지
늪에 빠졌다는 건
죽을 것 같다는 말이잖아
동그랗게 말려서 울지 마
꼬리는 흔들릴 때가 가장 예쁘니까
묵혀둔 그리움이
마침내 영글어 박이 되지
마음에도 근육이 생기거든
언약은 깨기 위해 있다는
역설이 대세랄까
핑계를 만드는 건
살아내는 방편이지, 삶
그 또한 한 편의 드라마야
에필로그가 중요해

지금은 조롱박의 시간
바깥을 봐
하늘은 분명 둥글어
내일은 말간 하늘에 해가 뜰 거야
잔
인
한
미간을 펴고 한 번 더 웃어봐
어쩌면
아침이 오기 전
밤중에 착상이 될 수도 있어!

이원하의 시를 읽고

—제주에서 혼자 살고 술은 약해요

어디에
누구랑 사느냐고
주량이 얼마냐고 물어본 적 없는데
허공에 쓴 알림장은
혼잣말이었나요

망설인 흔적 없이
무심히 낙서하듯
보푸라기 하나 없이 매끈한 글
무공해 자연산 같아요
울지 말아요
당신이 꽃이에요

다 가졌잖아요
혼자 살고 있다는 거
글 쓰는 사람의 로망이죠
특히 섬에서
에메랄드빛 그 투명한 제주 바닷가에서

그거 알아요
풀밭이 아니라
독자들이 당신에게 밑줄 치고 있다는 거
무동을 태우려 힘 고르고 있다는 거

전혀 이상하지 않아요
남을 웃기고 혼자 웃고
웃을 일이 많다는 건 행복이죠, 이제
수국을 짜지도 말고
닮지도 말고
감시망도 헐어 버려요

더 큰 웃음이 기다리고 있어요

응답

—이정희 시인에게

올 것인가 말 것인가
응답하라 가을이여
응답하지 않으면
나는 지구 밖으로 떨어져 나가리라

처서가 지나도
연일 온도를 경신하는 더위에
위협을 느낀 여인이
더디 오는 가을을 협박하는 중이다

귀여운 여인!
사계 중 가장 아름다운 가을을
지구 밖으로 떨어지라고 했으면
들어주기나 했을까?
자기가 떨어지겠다고
애교를 부리더니 다음 날
10도를 떨어뜨리는 기현상이 일어났다

지성과 품격을 갖춘
헤벌쭉 그녀를 보며
나도 그 나이엔 발언권이 있었는데
회한에 들기도 했지만
심성도 글솜씨도 좋은
당신을 만난 지금이 좋다오

사랑하오

계절과 계절 사이

여름 끝자락 매미 소리 한껏 목청을 높인다
불시착 같은 날개를 접고
높이 한번 날아볼 여유도 없이
나무의 옆구리에 발톱을 박고
고성방가로 짝을 찾는 남정네여
절박한 울음이여

고추잠자리 날개 끝에 가을이 묻어오면
귀뚜리도 여름과 가을 사이
매미의 악보를 커닝하며
끝과 시작의 하모니를 만들어 보지만

풋사랑 그 애처럼
어차피 이루지 못할 사랑
경계를 넘어서면
있어야 할 자와 떠나야 할 자가 가려지겠지

아직은 매미 소리 하늘을 찌르는데

시를 연주하는 여인들

한 송이 장미꽃도 가슴이 벅찬데
백만 송이 장미가 향기를 뿜어내는
각양각색 유혹의 손을 뻗는 장미 동산

풀잎에 이슬처럼 또르르 시가 구른다
나직이, 그러나 깊은 음률이 흘러나오고
정을 담은 설렘이 떨림으로 진동하는

봄여름을 묻어온 발자국엔 긴 여운이 남아
갈바람 한 자락을 치마폭에 감싸며
시 낭송 여인들이 그 품*에 안겨드네

* 성서도서관

흔들리는 가을

비와 눈 사이에서
갈등하는 진눈깨비처럼

어제 내린 소나기에
더위가 된통 맞았나
좀처럼 물러설 기미가 안 보이더니
오늘 아침 저만치서
여름을 밀고 있던 가을이
설핏 얼굴을 내민 듯

밤잠 설친 까치가
희색으로 영접하고
한 옥타브 올라간 귀뚜리 소리는
몬테베르디의 오페라 서곡처럼
가을을 알리는 팡파르였네

푸른 청춘 화려한 중년
겨울행이 될까 봐 나는

초록과 단풍 사이
길을 잃고 허둥대는 방랑자가 되겠네

초가을 건들마에
머플러 한자락을 내어주고
억새 옆에서
무한히 흔들려도 보겠네

밥줄

무심코 쳐다본 빌딩 숲
가물가물 높은 벽면에 매달려
건들건들 건물을 닦는 남자
아무나 할 수 없는 희소성만큼이나
내려다보는 어지러움

목숨을 저당 잡은 줄
풀었다 조였다
허공에 투망질하는 거미처럼
줄 하나에 매달린 것은
그 줄이 밥줄이기 때문이지

노을빛에 흠뻑 젖어
비단실을 뽑으며 낙하한 그는
날개 없이 비행하는 공중 조종사
모두 쳐다보네요
혹시 소원 있나요?

—땅에 발붙이고 사는 거죠

낮은 곳에 날개가 있다

—겨우살이의 노래

몸에서 영양분이 넘쳐나고
불사신의 상징인 나를
예의 바른 신사라고 불러주지 않을래

까치집을 닮았다고 하지만 난 살아있는 생명체
성난 짐승처럼 윙윙대는 바람의 중심에서
때론 술에 취한 듯 널을 뛰는 듯
변변한 땅 한 평 마련하지 못했지만
남의 등에 업힌 것은 의도한 것이 아니었고
발붙일 곳이 없어서
가지 끝에 매달린 것도 아니었어

출신이 귀족이라 안개 속에서도
꽃을 피우고 열매를 맺을 수 있었으나
새들이 쪼아 나무껍질에 비비고 비벼
거기서 싹을 틔웠던 거지
시원한 바람 산새들의 노래
철 따라 피는 꽃들과 벗하며 무공해 삶을 살았으니

다음 생은 아픈 사람에게 가서
약이 되어 주려고 해

높다는 건 어지럼증일 뿐이야
떨어질 때 충격의 척도를 생각해 봐
바람의 증언이 곧 법이거든

나리님들 엘리베이터 쟁탈전 재밌어요?
낮은 곳에 날개가 있어요

꿀벌과 말벌

여의도의 벚꽃은 외롭다

독침이 날을 세운 터전에는 꿀벌이 없다
일할 생각은 않고
에너지는 싸움으로 소진할 뿐
세력 다툼으로 날개가 꺾이고 눈먼 말벌들

꽃 피는 금수강산 사월의 만찬으로 가득한데
그것은 꿀벌만이 부여 받은 초대였나

말벌에게 땅벌에게 나누어 줄 몫까지
열심히 꿀을 모으고 있는 노동자
눈치를 살피지 않아도 되고
일한 만큼 대가를 받는
노동이란 가장 신선하고 정직한 것

오늘도 그들은 두 발 뻗고 꿀잠을 잔다

잃어버린 발자국

대장간 열기 속 쇠붙이가 담금질 당하듯
허둥대는 시간이 가속도를 밟고 있다

투명한 새벽이 서쪽으로 내몰리듯
인간의 아침도 동쪽에서 시작된 것일까

물먹는 하마처럼 얼룩진 땀방울 속으로 머금고
등 떠밀린 주름살이 겹겹이 쌓여가는

자갈밭도 비단길도 여운을 남긴
얼마나 많은 사연 밟고 왔는가

캄캄한 밤바다를 지키는 등대처럼
반짝반짝 별 둘* 나를 향해 빛이 나도

예민하던 촉수는 추억 속에 잠들었나
잃어버린 청춘이 노을빛에 익어간다

*子女

지금도 그곳엔

신라의 도읍 서라벌의 옛터
꿈이 자라던
내 어릴 적 고향 집
마당에 모깃불 피워 놓고
멍석 깔고 누워 하늘을 보면
다이아몬드 흩뿌려 놓은 듯
총총히 반짝이던 별 무리
은하수 강가엔
견우직녀 사랑을 애태우고
칠흑같이 캄캄한 밤
초당 위에 하얀 박꽃으로
북두칠성 밤새 하늘을 펴 날랐지
별똥별 반딧불이 어우러져
뜬눈으로 축제를 벌이는
새벽녘이 되어서야
그믐달이 눈썹으로 솟아올라
희미하게 동녘을 밝히던…

지금도 그곳엔 맑고 푸르던
그때 그 하늘
그 별들이 살고 있을까?

제4부 오늘은 더욱 낯설어

외줄 타는 곡예사

—한갓진 공원에서

수직으로 뚝 떨어진 물체 하나가
눈앞에서 멎었다
죽은 듯이…

숨죽여 가만가만 검지를 뻗어
그의 배꼽에 갖다 대려는 순간
보란 듯 허공을 튕겨 오른다
나 살아있어!

잠시 사색에 잠겼나 했더니
두 나무 사이에 줄 하나를 걸었다
꼼꼼히 중간지점을 찍어
뱅글뱅글 돌고 돌아
수제로 짠 우산을 펴 중심을 잡는다

우산에 바람이 걸려들었다
바람의 건더기로 허기를 달래고
흥을 모색 중이던 하필 그때

어징찡 산책하던 한 남자의 얼굴이
보쌈을 당했다
적이 놀란 남자가
두 팔을 휘저으며 퉤퉤거리고

정조준에 성공한 거미는 급박히
엉덩이를 돌려 그물을 덧씌우는

클라이맥스다

뜬금

그의 눈시울은 준비된 수도꼭지다
울음 대행이란 직업이 있었으면 잔뜩
부자가 되지 않았을까
이상과 현실을 한 줄에 꿰다가 아귀가 맞지 않아
해도 달도 암흑으로 읽었던

포시랍게 자라서 그렇다는 주변의 공론이
없는 말은 아니지만
그의 속성은 두려움의 산실이지
불면 불안 우울을 놓고
자신과 싸움에서 완패한 참 특이한 이력이다

뭐? 취미가 고독이라나
죽고 싶다 죽고 싶다
그것은 살려달라는 구호였을까

며느리 차에 얹혀 병원 가는 길이었다

—이제 겨우 육십갑자 두 번째 시작에 불과한데
왜 이렇게 풀이 죽나
우아하게 칠십까지만 살다 가자던
친구는 약속을 깨고 앞당겨 떠났는데
말발이 설까 괜히 찜찜하네

—어머니 빨리 구십으로 연장한다고 하셔요

일그러져 가는 표면 부실한 내면
구십도 장장 버거울 텐데 지금 와서 뜬금없이
선뜻 대답이 나오지 않는 속내는

백세 시대에 웬 구십?

삼총사의 2박 3일 포스팅

—추억여행

그때 그 푸르던
길게 앉은 모래톱
파도가 연 갈이를 하면 찾을 수 있을까?

영남의 해안선을 따라 정동진을 거쳐 다섯 개의 달을 찾아 경포호 둔덕에 여정을 풀었다. 둘째 날은 서둘러 해변으로 나가 일출을 받들고 일명 제일강산이라고도 하는 경포대에 올랐다. 숙종의 어제 시 조하망의 상량문 율곡이 10세에 지은 '경포대부' 등 누대 곳곳에 시인 묵객들의 글귀가 남아 있다. 바다와 호수를 한아름에 안은 경포대의 선경에서 빠져나와 초당마을에서 순두부 해물로 아침 식사를 하고 오죽헌 선교장 아름다운 소금강을 돌아 주문진으로 갔다. 바닷가에서 강태공들의 유혹에 들어 객쩍은 농담으로 회유回游하다가 다행히 그물에 걸리지 않고 어판장에 이르러 맛있는 횟감으로 진수성찬을 차린 늦은 점심에 모두 과식을 했다. 설악으로 가는 길이었다. 양양해변, 파도를 끌어안은 동그란 모래밭이 너무 예뻐 예정에도 없던 낙산호텔에서 2박에 들었다. '알밤 한 송이'란 애칭을 달고 주위의 이목을 끌며 많은 추억을 만

들었던 우리는 셋째 날을 외쳤다 설악으로 Go Go~

분신 같은 친구들과 여행하던 곳곳에 깔깔깔 웃음소리만 남았다
늦가을 해수욕장 제법 세찬 빗줄기가 날을 세운다
모래는 그 많은 발자국을 안고 묵묵히 빗물을 받아먹고 있는데

그때 그 봄은 어디에도 없다

납월 팔일

고즈넉한 산사의 아침
성도절 철야徹夜기도를 마치고
요사채 따뜻한 방에 잠시 등을 뉘었다
창문으로 들어온 깔끔한 겨울 산
나무들의 심호흡 맑은 공기 뿜어내고
높은 감나무에 빨간 홍시가
탄력을 잃은 채 허공을 흔든다
태양이 숨어버린 잿빛 하늘엔
함박눈이 소록소록
가지 위에 하얀 눈꽃이 아리다
이따금 들려오는 풍경 소리
세파에 찌든 마음 때 씻어내고
법문은 내 안에 욕심을 비워낸다
소복소복 쌓인 눈 귀갓길 조급하고
번뇌를 쓸어내듯
쓸어도 쓸어도 돌아보면 제자리
흠뻑 젖어 비질하는 스님은

누굴 위한 고행인가

*석가모니가 득도하신 날

눈물 한 잔

나는 보았네
세상 오물 다 받아먹고도
처연히 푸르더니 어느 날
바닥까지 뒤집어 술렁이다가
솟구쳐 오르는 거대한 해일을

걸러낼 수 없는
내 안에도 그런 설움 있었네
안으로만 다스려 멍울이 되어버린

아무 일도 없었던 것처럼
불뚝거리는 돌고래
까칠한 성게도 뱃속에 품은 채
저 평화로운 바다는…

창 넓은 카페에서
잔잔한 수평선을 바라보며
포용을 배우는

눈물 한 잔의 카타르시스

숲은 지금 수유 중

눈높이도 버거운 암벽 위, 한 줌의 흙
풀포기도 발을 못 붙인 거기가 어디라고
기둥도 서까래도 못 될 소나무가 몸집을 불리나
바위를 끌어안은 발가락에 물집이 생겨
마디마디 옹이진 매듭들
훤칠한 유전자는 젖배를 곯아 위축되고
사지가 뒤틀리고 휘어져도
산고의 고통은 또 어쩌려고 알을 품었나

휘파람을 불며 능선을 넘던 바람
솔방울을 흝어 절벽 아래로 떨구네
비가 오고 바람이 몇 차례 지나간 뒤
씨앗들이 눈을 틔워 우쭐우쭐 자라기 시작했지

그들의 아기도 우쭐거릴 수 있을까
빌딩 숲 조명등이 빛을 쏘는 현란한 무대에서
난쟁이 부부는 아지랑이 의상을 하고
노래와 유머로 관객을 웃기려 울대를 세우지만

객석은 울고
난쟁이는 눈물을 받아먹고

꽃샘추위가 설왕설래하는 숲은 지금 수유 중

콩

콩은 나보고 할머니라 칭하고
나 역시 거부감 없이 받아들였다
며느리가 콩이 엄마이니
할머니가 될 수밖에

독신이 범람하는 즈음에
결혼은 할까 말까
그래도 자식(?) 한둘은 키우는 초록들
자가용에도
유모차에도
오지랖에 달고 다니는 금지옥엽 애완견

개들은 개체 수가 늘어나고
인구는 줄어들고
옛날엔 그들의 이세가 가장 큰 욕이었는데
부모로 자칭한 개 엄마 아빠들
가문의 족보에는 관심이 없고
개 족보에 열을 올리는

멍멍, 개 조상이 말이 돼?

뿌리의 의미

나무는 천 년을 넘게 살고
사람은 백 년이 어렵다
나무는 한곳에 뿌리를 내리고
사람은 넓은 곳을 향하여 끝없이 흔들린다
흔들리다 대박 난 사람들

무리하게 흔들린 쪽박도 있다

변화가 두려운 무사안일주의
나무도 아닌 것이 어쩌다
앉은 자리 덥석 뿌리를 내리고
반백 년을 살아온, 알고 보니 그도 쪽박

척박한 땅에서 명품이 된 소나무처럼
인정받을까?
손가락질 받을까?
고사하고

뿌리가 있으니 한 백 년은 살겠지

오늘은 더욱 낯설어

아찔한 핫팬츠에 서슴없는 애정 행각
청순한 입술에 톡톡 튀는 ㅅ 발음
외제가 줄을 잇는 국적 잃은 차들이
엘리베이터 거울 속 나를 보는 그 얼굴이,

자연의 한편에서 옹기종기 모여 살던
물방개 놀던 냇가 가재 잡던 그때는

설대 긴 담뱃대가 화롯불을 당겨 무는
할아버지 기침起枕 소리에 옷깃을 여미며
진짓상 살피시던 어머니의 모습에는

탁 트인 들판, 기차가 지르는 호통의 긴 여운

밀사리 콩서리 하얀 치아 새카만 얼굴
소달구지 개울 건너 오일장 따라가던
유년 시절 그곳에 아슴아슴 맴도는

빌딩 숲에 납작해진 도시의 땅 집에서, 나는

고엽

가지 끝에 매달려
한 생을 갈무리한다는 건
가늠할 수 없는 어지러움이었을까

청춘엔 그래도 의기양양했겠지
고운 단풍으로 힘껏 멋을 부렸겠지

스산한 늦가을 탯줄을 끊고
허공을 배회한 사연은
어쩌다 연을 놓친
엇갈린 사랑이라도 찾아 나선 것일까

어렵게 찾은 자유
바람의 어깨에 목마를 준비하는
활짝 편 날개 위로, 어쩌나
후두두 빗방울 떨어지네
젖은 날개 접지도 못하고
땅바닥에 납작 엎질러진 꿈

나이 들어 가시를 떠넘기고
며느리가 차려주는 밥상 앞에
위풍당당 하려던
시대착오적 내 꿈처럼

연리지

모양도 다르고
성격도 다른 나무
어쩌다 서로 얽혀 한 몸이 되었을까

암수의 결합조차
불결하게 생각하던

여물지 않은 나이
겁먹은 눈망울

저울도 제 기능을 잃고
불안과 좌절로 팽팽한데

무성한 잎으로 줄기로 펼칠 수 있을까?

운명을 논하기 전
관습에 얽매인 건
전례인지 사례인지

그도 저도 버거운

잔가지를 끌어안고
법도로 조이다가
늘어난 근육에 조금은 느슨해진
때늦은 논리論理

석양은 눈부신데

출구

머리는 외부의 인식을 거부하고

독서삼매경에 빠졌다기보다
눈으로 글씨를 훑고 있었다 그때
잡소리를 경청하는 귓속으로 부스럭부스럭

소리 나는 곳에 시선이 닿는 순간
생소해도 너무 생소한
등껍질이 딱딱하고 새카만 집게도 없는 집게벌레

찍~
얼결에 살충제를 뿌렸더니
한 뼘 높이를 튀어 올랐다 떨어지는
어이없는 행위를 반복하고
타닥타닥 그 소리가 너무 커 안절부절
같이 뛰는 심정으로
종이컵에 유인하여 물을 부어 주었더니
수영도 잘하네

독기를 씻어내고 꽃밭에다 놓아주며
'잘 살아라'

다음 날 옥상 가는 계단에서 그것이
어제의 아찔한 기억을 떠올렸나
위협이라도 하려는 듯
집게를 내밀었지만 맥빠진 걸음이다

꽃그늘 흙밭에서 건강이나 추스를 일이지
뭐 하러 흙 한 줌, 풀 한 포기 없는 옥상
가파른 계단을 힘겹게 오르누

너도 참
살아가는 방향이 그렇게 가늠이 안 되나?
나처럼

제5부 테라리움의 나뭇잎

상처喪妻의 상처傷處가 깊은 줄도 모르고

그는 왜 부임 인사를
만남이 아닌 이별을 불렀을까요
관중은 왜 빗물이
분무가 되도록 손뼉을 쳤을까요
하늘이 반쯤 내민 얼굴로 눈물을 뿌리며
무지개를 띄워요

유리벽 속에서
멍한 시선으로
연신 연기를 뿜어내는 그에게
모두가 해바라기하네요
긴 머리 단발머리 파마머리까지
아닌 척해도 다 보여요
그를 훔쳐보고 있어요

주파수가 잡힐까요?
혼선으로 뒤엉켜 있는데

옆집 할머니가 그러네요
—저~기 잘생긴 서장이 새루 왔다며
젊은 여자들 쓸데없이 왔다 갔다 난리 났단다
자네는 안 가나?
—제가 거기 뭐 하러 갑니까 채신없이요

벌컥 화를 내긴 했지만
속마음 얘기해도 될까요
가다가
보는 눈이 많아 되돌아왔다는 거요

빈집 연가

아직도 잔설이 남아 있는
겨울 한 자락을 뚫고 나온
수줍은 듯 절개가 돋보이는 매화
봄 문을 활짝 여는 당찬 입성에
산수유 노란 웃음꽃
시냇물 돌돌 햇살 실어 오고
아지랑이 피는 돌담 아래
나물 캐는 소녀와 호랑나비 노랑나비

어디로 날아갔나

서까래 불거진 허름한 지붕 위로
자분자분 봄비가 내리면
초가는 처마 끝에 소리를 모아
추적추적 서러움의 수위를 높인다

가을이면 볏짚을 엮어
새 단장 해주던 주인은 어디 갔나

굴뚝에 모락모락 온기는 어딜 갔나

박꽃은 저 홀로 피고 지고
얼마나 많은 밤을 하얗게 새웠을까
억장이 무너지듯
사립문이 주저앉은

옛사랑이 그리워 초가가 운다

그냥

어정쩡한 이웃이 묻는다

—오늘은 청도 안 갔나?
억시기 들락거리디 요즘 와 이래 조용하노

—향기 따라 저물도록 봄을 좇던 한재 미나리
원기를 도와주는 추어탕 다슬기탕
매운 김밥집에서 몇 시간씩 줄서기도 왕왕
소싸움 축제, 유등축제, 감 축제,
프로방스 빛 축제도 있지

동네방네 한바탕 벚꽃 소동이 일고 나면
비 온 갠 날 햇살처럼
해맑은 복사꽃이 산야를 물들이지
연둣빛 오월에는
감꽃이 청초한 향기로 열매를 맺어 뙤약볕에
붉어지고 붉어져서 청도 반시가 되는 거라

군자정 그림자에 취해 소담한 홍련
작은 연못들이 각양각색 연꽃을 피우는 읍성
그 긴 돌담길을 걸어서 향교를 돌아보며
옛 선비들의 정취도 느껴 보고
꽃자리에 핀 억새처럼
갈바람에 저물도록 흔들려도 보았어

산 좋고 물 맑은 청도 상공上空에
비, 바람, 구름, 시가 머무는 정거장을 만들려고
발자국을 인감처럼 찍어놓고
운문사, 내원암 부처님께 삼천배를 올리며
깨달은 것이 비움이었어

코미디 극장에서 과부하에 걸린 내 욕심을
한바탕 웃음으로 털어내고 지금
와인터널에서 달뜬 마음 숙성 중이다
왜?

연화도에서

"공기 참 좋죠?"
"네!"
"예쁘셔서 사랑받으시겠습니다"
"감사합니다"

이른 아침 방파제 산책길에서 낯선 어부 남자와의 인사였다. 환희에 가득 찬 붉은 얼굴로 수평선 저 끝으로 태양이 솟아오른다. 그는 밤새 이슬에 젖어 차분히 가라앉은 풀잎의 머릿결도 말려주고 바닷물에 시린 어부의 손도 녹여주겠지. 누가 바다에 수채화를 그렸을까, 남해에 점점이 떠 있는 크고 작은 많은 섬, 더러는 사람들이 모여 살기도 하고 더러는 온갖 상상과 호기심 낭만의 주제가 되기도 하는 신비의 세계 무인도, 징검다리 건너듯 섬과 섬 사이 뱃길 따라 한참을 질주하자 출렁이는 물결 위에 몇몇 인가를 안고 고고히 피어있는 연꽃 한 송이 아~ 그 이름 연화도

들국화 구절초 섬 둘레에 수를 놓고 억새는 붉은 손을 흔들어 이별에 화답하는, 하루를 묵은 숙소를 나오면서 "잘 쉬어 갑니다" "네 또 오세요" 환한 웃음으로 답례하는 그는 방

파제에서 만난 어부였다. 내 심장을 뛰게 하고 설렘을 준 그 곳에 마음 한 자락을 남겨놓고 아쉬운 걸음으로 뱃머리에 올랐다. 긴 여운을 예감하며……

고장 난 신호

푸른 신호등이 서른한 번 눈을 깜박거렸고
여자는 건널목에서
피아노 건반을 두들기듯
신명 나게 박자를 놓쳐 서른여덟 번을 뛰었다

그녀를 지켜내듯
붉은 등이 한사코 눈을 감아주었고
연주에 재미 들린 여인은
파란 깜박임이 긴 이별임을 읽지 못했다

신호대 양쪽으로 축하객이 밀려들고
클랙슨 팡파르가 몽환처럼 흔들릴 때
그는 동해가 고향이라며 떠났다

그해 겨울 파도의 교향곡은
모차르트 38번에는 없는 미뉴에트였다며
31번 내림 가장조 3악장*을 부표처럼 띄우더니
눈물이 동쪽 바다에 다다를 때쯤

신호음의 부활은

바그너의 낭만주의 오페라
'로엔그린' 3막 속의 결혼 행진곡이었다

그것이 얼마나 슬픈 곡인지를 모르고

*베토벤의 소나타 중에서

테라리움의 나뭇잎

후덥지근 한여름 바람이
그토록 상큼하게 느껴지던 잎새 하나가
기어이 계절을 앞당겨 된서리를 맞고
한 줌 바람에 떨고 있다

화려한 불빛에 눈이 부셨나
수많은 별을 삼켜버린 도시의 밤하늘
성근 별 중에서도 유난히 빛이 나던 너는
짝을 찾아 질주하던 US 708*이었나

그 속도를 감지하지 못하고…

한곳에 머물러 커보지도 못한 채
움츠림이 삶의 방식이던 한 생명체가
빗금으로 쏟아지는 별빛에 눈이 멀어
운명에 순응할 것인가, 역행할 것인가를
심하게 갈등하다 조심조심
유리관 밖으로 팔을 뻗어 보았다, 그러나

그것은 가을이 주는 허망한 꿈

너는 지금 어디쯤 가고 있나

*은하계에서 가장 빠른 별.

좀

한때 풍경 마름질에 몰두하다가
시를 모시느라 십여 년을 외면했다
좀이 출몰한 줄도 모르고

시대적 감각도 없는
그 미미한 것이
풍수지리 전집 절반을 갉아 먹은
보고도 믿기지 않는 대역사
식자우환, 반풍수 프레임은 어쩌려고

하루 이틀 일 년 이 년
좀이 나를 먹고 내가 세월을 먹는
건성건성 부실한 발자국 찍으며
가속 페달에 엇박자를 놓는, 아차
좀이, 좀이 아니었네

온새미 햇살 밭
보리수나무 우듬지

얼기설기 소통의 메카로 까치집을 매달아
바람과 구름의 이동을 기록하고
지천으로 피는 풀꽃과 교신하며
여치 베짱이 찌르레기
자연의 소리를
감성적 울림을 조금씩 찬찬히
오늘이란 공간을 채워
영생할 수 있는

좀 선생님
먹다 남은 책, 마저 드시고
이런 명당자리 하나 잡아 주소

철 잃은 고욤

—계세요?

솔 향기 머무는 만산리 작은 마을
햇살 가득한 시골집 담장 너머
조랑조랑 달라붙은 철 잃은 고욤

봄빛은 아직도 먼 곳에 있는데
텃밭을 손질하던 고욤과 동색인 할머니
휘어진 등 인고의 세월을 업고
반색하며 나오신다

할머니의 허락이 떨어지자
장대로 사정없이 허공을 후려쳤다
후드드득 추억이 쏟아져 내리고
씨와 껍질뿐인 고욤이지만
유년의 향이 살아있다

반세기를 넘겨버린 어정쩡 연배들은

푸른 기억들을 한 움큼 움켜쥐고
꽃물처럼 번지는 노을에 홀려
석양을 따라가나 되돌아가나
이정표를 잃었다

조난

전화도 터지지 않는 세상과 단절된 영월 마대산 메가 높으니 골도 깊다. 마냥 걷던 하산길에 희미해진 길의 꼬리를 잃고 가이드를 따라붙던 여섯 명이 고립되었다. 연기를 피워 구조 요청을 해야 하는데 능선을 타야 한다고 떼를 써도 무언가에 홀린 듯 가이드는 자꾸만 수렁의 골짜기로 빠져들고 거미줄 같은 넝쿨을 필사적으로 빠져나오면 또다시 나타나는 낭떠러지 얽히고설킨 줄 앞선 친구가 활시위처럼 당긴 나뭇가지에 얼굴을 맞아 눈이 빠진 듯 아픔을 내질러도 돌아보지도 않네, 묵은 낙엽 켜켜이 쌓인 틈에 발이 걸린 초가을! 어둠이 내려오는 산골엔 한기가 늦가을이다

탈탈 탈탈? 문득 귀를 여는 희망의 소리, 소리 따라 미친 듯 산허리를 돌았다. 고랭지 비탈밭에서 경운기에 배추를 싣고 가던 부부, 여섯 시간 조난 끝에 기적 같은 만남, 북망산 어머니를 만난 듯 통곡을 하며 경운기에 따라붙었지만, 그분들의 고된 시간을 마냥 붙들고 있을 수는 없었다. 소식 단절에 애타게 기다리고 있을 일행과의 소통이 급선무다. 농부의 말씀이 출발점까지 가려면 차가 움직여도 한 시간 거리란다.

통신이 가능한 곳까지라도 수습차 가이드는 경운기에 매달려 떠났다. 안내 받은 길을 따라 보름달의 축복 아래 내려가는 길은 어둠도 비켜섰다.

눈 오는 날의 회상

지금은 마이카 시대
도시는 눈이 올까 걱정이지만
때로는 서정에 목말라
가슴 먹먹할 때가 있다

눈이 보고 싶어
그 아이가 보고 싶어
첫눈을 기약하듯
주고받던 선한 눈망울

함박눈 포슬포슬 내려앉아
이념도 갈등도 다 지워버린
하얀 세상 딛고 간 한 줄의 일기
그렁그렁 허기져 서러운
누구인지
어디로 갔는지

초서로 휘갈긴 바람의 연서는

장독 위에
초가지붕에
소복소복 그리움을 쌓는다

머리 위에 쌓는다

피탈

벽을 사이에 두고
등으로 세월을 밀고 있는 부부
한방에서 등을 긁어주고
말동무가 되었어도 좋았을걸

벽의 뒤편은 늘 불립문자不立文字
언어가 필요 없는 시간은 초췌해가고
안개처럼 내려앉은 어스름

빛이 소멸하자 엥~
영혼의 소리 같은
모기 한 마리가 접은 무릎에
빨대를 꽂는다

헌혈이든 갈취든
피 한 대롱쯤이야 아깝지 않지만
가려움에 잠을 설친 그녀

땡감을 삭히는 남자의 머리맡에서
측은지심 부채질로 모기를 쫓는

등을 스치는 식은 바람의 응원가

마음속의 허공

허공을 품은 새
푸드덕 별을 향해 날개를 들썩인다
눈은 하릴없이 눈썹 위에 뜨고
정수리를 오르는 건
카라코람산맥처럼 준엄하다
심장은 늘 불을 지펴보지만
가끔 비를 몰고 지나가는 바람
구름이 비 대신 장미꽃을 안고 오면
나의 허공에
고운 석양 담아 날아오르랴
힘찬 날갯짓으로

해설

해설

돌아보다 문득, 만난 풍경

김동원 시인·평론가

프롤로그

그녀의 시편들은 크게 '전통과 현대'란 두 개의 시선과 만난다. 서정의 감성과 아름다운 울림은 그녀의 서경과 서정의 중심축이다. 전자는 사랑과 이별, 고향과 동무들, 여행과 단상斷想, 바람과 구름의 이야기를 묘사한다면, 후자는 놀라운 이미지와 현대적 미의식이 투영된, 세련된 은유의 시법으로 노래하고 있다. 물론 이런 시적 아름다움은 원숙한 그녀만의 독창적 무늬이겠지만, 법고창신의 조화미를 바탕에 깔고 있다.

이번 임향식의 2시집 『오늘은 더욱 낯설어』는, 시어를 다루는 솜씨가 능숙하다. 그녀의 색깔로 기억과 추억을 불러내는 방식은, 연륜의 여유가 느껴진다. 그녀는 바람에게 첫사랑의 아픔을 털어놓기도 하고, 달빛 아래 그 눈물을 주워 담기도 한다. 행간에 일어나는 미묘한 감정을 그녀만의 언어로 교직한다. 사물의 말을 여인의 우울로 곱게 채색화한다.

그녀의 시는 '돌아보다 문득, 만난 풍경'의 추억이다. 사랑과 이별의 엇각은 처녀의 시간과 슬픈 기억의 무늬를 새겨놓는다. 어떤 풍경은 황량한 겨울 칼바람 속에 흔들리는 억새의 울음소리가 들린다. 또 어떤 풍경은 바지랑대 꼭대기에 선 아비의 말씀과 장독대를 닦고 계신, 그 옛날 고향 집 어미의 목소리가 들린다. 한편 그녀는 미니멀 라이프를 실천한다. 어디에도 휘둘리지 않는 그녀만의 세계를 추구한다. 흰 구름같이, 자잘한 풀꽃같이, 맑은 시인의 마음으로, 사물에 감정을 이입해 투명한 문체로 건너간다.

어쩌면 시는, 언어의 요리에 비유된다. 사물의 이름, 맛, 향, 미각 등 섬세한 재료의 성질은, 시인에 따라 다양하게 요리된다. 좋은 시는 신선한 언어로 만든 풀코스로, 행과 연 사이를 감동과 반전으로 몰고 간다. 임향식의 시는 그녀만의 독특한 느낌과 분위기가 전편에 스며 있다. 그녀 시의 요리는 감성에 버물린 식감으로 맛을 돋운다. 물론, 기본 메뉴는 전통 서정의 다양한 변주이며, 다문다문 현대시의 레시피가 이미지로 각인된다.

시인의 개성은 천차만별이다. 저마다 독창적 시의 요리를 개발해 들고나온다. 기존 서정시의 밥상에, 새롭고 낯선 현대시의 요리가 섞이면 생뚱맞지만, 임향식의 시편들은 희한하게도 조화롭다. 명징한 감각과 자연스런 행간의 이야기는 부담 없이 읽힌다. 그녀는 흘러간 것들을 다시 불러 모아, 조물조물 그녀의 방식으로 시의 나물을 무쳐 놓았다. 언어는 공감과 소통이 중요하다. 좋은 시는 행간이 비어 있어서 울림이 크다. 적은 언어로 여운이 긴 시를 써야 오래간다. 시작詩作 행위는 고독하다. 외로운 고행만이 시의 구름을 아름다운 노을로 물들인다.

아코디언

이번 임향식의 2시집 『오늘은 더욱 낯설어』는, 말의 흐름과 리듬이 연륜을 느끼게 한다. 시어를 몰고 가는 방법이 단순하고 억지가 없다. 그녀는 시작詩作에 있어, 뭘 넣고 빼야 하는지를 적확하게 알고 있는 듯하다. 제때 제자리에 잘 앉은 시어는 보기만 해도 좋다. 그녀 시는 말의 수월성과 서술적 화법으로, 행과 연이 서로 잘 연결된다. 이미지의 범람을 피하고, 추상적 시어를 덜어내 모호한 장면을 피했다. 안과 밖의 내면의 창을 통해 묘사와 풍경을 이야기 구조로 구부린다.

그녀만의 스타일을 확보하고 있으며, 서정시가 나아갈 방향을 제대로 짚었다. 좋은 시는 현실 깊숙이 파고 들어가, 세상과 인간이 함께 풍경과 뒹굴 때 빛난다. 그녀의 시 「아코디언」은, 세월의 무게를 견딘 자의 놀라운 응시와 성찰이 돋보인다.

'가려면 가지 왜 돌아보오'

수축과 이완 밀당의 고수죠
너무 울리지는 말아요
슬픔이 뼛속까지 파고들어요

바람과의 미팅인가요

바다가 보이는 언덕에서
아코디언 연주자가 심장을 쥐어짜면
파도가 학습하네요
밀려갔다 밀려왔다
철썩철썩

아름다운 화음이에요

해조들의 퍼포먼스
아이 어른

수영복들이 환호성을 지르며
주름 속으로 뛰어들어요

따라가면 안 되는데…

펴는 건 좋아요
제발 쭈그리지 말아요
당신 닮으면 내 얼굴 책임질래요?

—「아코디언」 전문

"수축과 이완 밀당의 고수"인 「아코디언」은, 시 제목이 멋지다. '아코디언'의 그 주름진 바람 소리와 '사랑과 이별'을, '폈다 접었다' 하는 방식으로 겹쳐놓은 시법은 놀랍다. 툭 던진 첫 행의 묘한 어투는 지혜가 번뜩인다. "가려면 가지 왜 돌아보오" 밀당할 때 생길 법한 둘만의 예민한 감정을 행간에 섬세하게 건드린다. 시는 바람의 말을 전하는 공간이다. 행간에서 일어나는 순간을 이미지화한다. "너무 울리지는 말아요 / 슬픔이 뼛속까지 파고들어요" 언제나 이별의 방식은 아프다. 아코디언이 그렇듯, 임향식의 사랑과 이별의 악기 역시, 수없이 '접었다 폈다' 반복한다. 누구에게나 젊은 시절의 아코디언 연주는 경쾌하고 아름답다. 그러나 황혼의 아코디언은 외롭고 쓸쓸한 소리로 들린다. "펴는 건 좋"지만, "제발 쭈

그리지 말아" 달라는, 화자의 독백은 그래서 더욱 폐부에 와 닿는다.

응시, 혹은 관찰

사물의 내밀한 관찰력은, 시작詩作의 본령이다. 존재하는 것은 모두 밤낮없이 안팎을 드러낸다. 말은 사물에 달라붙은 생각과 무의식을 끌어낸다. 하여, 시인은 오래 '사물의 몸'을 응시할 때 좋은 시상을 얻는다. 사색을 통한 내면 읽기는 그래서 중요하다. 바람 한 개라도, 나뭇잎 하나라도, 들꽃 한 송이라도, 허투루 볼 일이 아니다. 저마다 겪고 튼 곡절과 삶의 이유가 사물에겐 있다. 사랑하는 마음을 담아 진심으로 응시하면, 어느 순간 사물이 말을 걸어온다. 좋은 시인은 주위의 신령스런 기운들을 불러 모아 존재의 집을 짓는다. 「겨울꽃 혹은 불청객」은, '시클라멘'을 겨울 무대로 불러내어 노래한다.

이 꽃 저 꽃
눈빛이 흩어지는 봄을 피해
황량한 겨울 독무대에 선 시클라멘

그가 그렇듯
엉뚱한 이탈자가 있었네

상상의 날갯짓으로 꽃술에 현을 뜯는
붕붕대는 뒤영벌의 비브라토
무리를 벗어난 차갑고 말똥한 겨울
베란다의 햇살

철통 방어를 해도
니치 마케팅에 열을 올리는 코로나19
빌미를 주는 하룻강아지들

팬데믹 시대의 인생 이야기
생애 첫 경험
격리, 미궁, 막막함, 그래도
겨울꽃 시클라멘처럼
희망의 끈을 꽉 잡은

비대면의 효과음 홀로 중얼중얼

—「겨울꽃 혹은 불청객」 전문

빨간 시클라멘은, 마치 두 팔을 활짝 들고 만세를 부르는 모습이다. 꽃의 말을 시인의 말로 바꿀 때, 간접화법은 유용하다. 상대의 기분을 살피고, 그 입장에서 조곤조곤 말을 붙이면, 전혀 새로운 감각적 이미지가 탄생한다. 임향식의 「겨울꽃 혹은 불청객」은, 화법이 구름 속 번지는 노을 같다. "황량한 겨울 독무대에 선 시클라멘"의 시선을 처리한 시적 위치는 정교하다. "이 꽃 저 꽃 / 눈빛이 흩어지는 봄을 피"한다는 놀라운 발상은, 의태적이자 다층적 초점을 확보하였다. 언제나 시는 신선한 발상을 통해 독자를 사로잡는다. 코로나로 인한 일상의 관찰은, 그녀에게 "상상의 날갯짓으로 꽃술에 현을 뜯는", "뒤영벌의 비브라토"를 듣는 경지에 이르게 한다. 또한 "무리를 벗어난 차갑고 말똥한 겨울"의 묘사적 이미지 역시 공감각적이다. 풍경의 시각화와 청각화는, 사물의 서로 다른 경계를 보여주는 비밀한 지점이다. 하여, 임향식의 "팬데믹 시대의 인생 이야기"는 어둡지 않다. 아무리 코로나가 "격리, 미궁, 막막함"을 가져다주어도, 그녀는 결코 "희망의 끈"을 놓지 않겠다고, "중얼거"린다.

밥줄

어쩌면 우주의 생명은 밥줄에 매달려있는 것은 아닐까. 저 무수한 밤하늘 별들도 제 식구들을 먹여 살리려고 발버둥치는 것은 아닐까. 그렇게 생각하니, 숲속 은사시나무 잎들이 달빛의 고봉밥을 떠먹고 있는 듯 보인다. 이렇듯 삼라만상은 저마다 밥줄을 잡기 위해 밤낮없이 '밥'을 찾아 헤맨다. 아마 서정시의 본질은 밥줄을 중심으로 얽혀 사는 인간의 곡절인지도 모른다. 태초의 동굴 속 아버지도 식구의 '밥'을 해결하기 위해, 황량한 들판을 종일 헤매었으리라. 그런 가장의 밥 찾기에 대한 고뇌를, 새벽마다 가까이에서 지켜본 사람은 아내일 것이다. 자식은 밥줄로 부모와 연결된 질긴 천륜이다. 하여, 옛날이나 지금이나 아버지는 식구를 위해 "가물가물 높은 벽면에 매달려" 밥줄을 타고 오른다.

무심코 쳐다본 빌딩 숲
가물가물 높은 벽면에 매달려
건들건들 건물을 닦는 남자
아무나 할 수 없는 희소성만큼이나
내려다보는 어지러움

목숨을 저당 잡은 줄
풀었다 조였다
허공에 투망질하는 거미처럼
줄 하나에 매달린 것은
그 줄이 밥줄이기 때문이지

노을빛에 흠뻑 젖어
비단실을 뽑으며 낙하한 그는
날개 없이 비행하는 공중 조종사
모두 쳐다보네요
혹시 소원 있나요?

—땅에 발붙이고 사는 거죠

—「밥줄」 전문

그녀가 "무심코 쳐다본 빌딩 숲"속의 '밥줄'을 붙잡고 있는 사람은, "건들건들 건물을 닦는 남자"다. 그 남자는 "목숨을 저당" 잡힌 "줄"을 잡고, "풀었다 조였다" 거미처럼 "줄 하나에 매달린" 채 밥벌이를 하고 있다. 아래로 내려다본 그 삶의 절벽은 아찔하다. 서정시가 귀한 이유는 현실에 대한 구체적 묘사가 있기 때문이다. "노을빛에 흠뻑 젖어 / 비단실을 뽑"는 남자의 소원은 "땅에 발붙이고 사는 거"란다. 마지막 구절은 참 쓸쓸하고 귀하게 다가온다. 임향식의 밥에 대한 사유는, 그녀 시에서 보기 드문 주제다. 이런 그녀 시의 형식과 내용은 개인적 서정에 머물지 않고, 사회망에 접속되어 확장된다. 인간 사회의 허虛와 실實을 '밥줄'에 꿰어, 근본적 성찰과 문제 인식을 드러내고 있다.

하이힐

임향식은 경주 남산 임씨 가문의 반가班家의 여인이다. 이요당二樂堂의 서출지와 산수당山水堂을 배경으로, 그녀는 처녀 시절을 보냈다. 우연히 함께 남산 문학 기행을 하다, 그녀 반가의 내력을 알게 되었다. 그녀의 투피스는 늘 곱고 단아하다. 조붓한 외양에 늘 다채로운 색채의 하이힐을 번갈아 신는다. 빨간 하이힐은 그녀 연륜과 상관없이 희한하게도 어울렸다. 오랫동안 외양을 갖춰 입은 여인에게 풍기는 실루엣은 시적이다.

그때는 그래도
아담 사이즈 158+9
앞창을 높이지 않으면
9cm가 최고의 굽이지

시간이 휘어져도
초록이 갈색으로 변하여도
떨어지는 것이 낙엽인 줄 몰랐다
힐의 전성시대는
연골의 수난 시대
압착은 밀도의 상징인데
출력에만 몰두하는 신身

의사 선생님은
높은 굽은 안 된다고
갈등을 부추기고
운동화도 멋이 나는 멀대 같은 친구는
덜 아파서 그렇지
그 나이에 왜 그러냐고 하지만

마지막 날숨을 길게 뿜어내는 날
빵빵한 허파에도 바람이 빠지려나

—「하이힐」 전문

시는 그 사람을 닮는다. 하여, 시는 행간 속에서 그 시인의 속일 수 없는 비밀을 들춘다. 임향식의 「하이힐」은, 그대로가 그녀의 외양이다. 좋은 서정시는 자신을 가감 없이 까발리는 작업이다. 처녀 때의 그녀는 "아담 사이즈 158+9"였나 보다. "앞창을 높이지 않으면" 최고 "9cm"의 높은 굽을 신었다고 한다. 여자가 하이힐을 신는 표면적 이유는, 키가 커 보이기 위한 이유겠지만, 심층엔 섹스 어필과 세련된 교양 때문이라고 한다. 실제로 하이힐을 신지 않은 다리보다, 힐을 신은 여자의 다리가 훨씬 얇고 길어 보이는 착시효과를 준다. 어쨌거나 그녀는 여전히 하이힐을 신는다. "의사"가 "높은 굽" 때문에 다릿병이 왔다고 일침을 가해도, 그녀는 아팠으면 아팠지 '힐'을 포기하지 않고 산다. 그녀의 말처럼, 끝내 "빵빵한 허파"에 "바람이 빠"져야, 그 고운 하이힐을 벗으려나 보다.

내시경

'시는 언어를 타고 건너는 뗏목이다. 뗏목에 내리면 언어는 가차 없이 버려야 한다.' 사물은 은유를 통해 더 깊게 드러난다. 그러나 언어는 줄곧 사물 곁에서 붙어 앉아 끝까지 함께 가자고 말한다. 시는 갑자기 은유가 끼어들고 상징이 나타나고, 별의별 사건들을 다 만든다. 언어의 이런 의태는 순수와 무의미의 시로까지 확장된다. 때로는 놀라운 비약과 압축, 공허와 모호성 사이에서, 언어의 의미는 사라진다. 이번 임향식의 2시집 『오늘은 더욱 낯설어』 중에서, 가장 주목할 수작은 「내시경」이 아닐까.

마른 가지를 딛고

붉으락푸르락
내 안에 뭐가 있는지
거울에게 물었다

—꽃망울이 맺었어요

찬 바람 눈보라에도
쉼없이 술렁이던 그것이
꽃잎의 태동이었네

우수 경칩 지났으니
꽃 피는 건 당연한 이치인데

왜?
그렇게들 놀라나

—「내시경」 전문

위내시경은 목구멍으로 줄을 넣어 위 내부를 샅샅이 살피는 작업이다. 아니, 지금껏 살아오는 동안 위胃에 찍힌 CCTV를 돌려 보는 행위다. "붉으락푸르락 / 내 안에 뭐가 있는지 / 거울에게 물"어보는 일이다. 그렇다. '묻는다'라는 이 표현은 임향식의 오랜 시적 내공을 성찰케 하는 종결형이다. 그다음 시행은 천하의 절경이다. "—꽃망울이 맺었어요" 무릎을 칠 놀라운 은유다. 몸속 용종을 '꽃망울'로 동일시한 이 시법은 예리하다. 물론 중년을 "우수 경칩"으로 중첩한 이미지도 볼만하지만, "찬 바람 눈보라에도 / 쉼없이 술렁이던 그것이 / 꽃잎의 태동"이란 시적 발상은 기가 막힌다. 더 놀라운 시법은, 인생에 있어 지상전 수중전 공중전을 다 겪고 나야 "꽃" 핀다는 그 "당연한 이치"를, 우리에게 재발견케 한 점은 임향식 시의 중요한 지점이다.

에필로그

지금까지 살펴본 대로, 이번 임향식의 2시집 『오늘은 더욱 낯설어』는, 고향과 부모님, 잃어버린 사랑과 아픈 기억, 여행과 추억의 반추를 엿보게 한다. 또 한편 그녀의 내면 풍경은 도시 여인의 센티멘털sentimental과 멜랑콜리melancholy가 시 전편을 휘감고 있다. 돌아가는 자의 그늘과 중얼거림은, 삶의 지혜와 관조 속에 뭉클한 여운을 준다. 미처 다루지 못한 그녀의 서정시 속에는 그리움에 가득 찬 언어들이 빼곡하다. 특히, 시 「삼총사의 2박 3일 포스팅」은, 우정이 깃든 추억여행시의 백미다. 정동진 해안선을 따라 펼쳐진 푸른 파도와 모래톱 사이에서, 까르르 웃는 여인들의 한때는, 영화의 한 장면처럼 아름답다. 수많은 불면을 노래한 「속울음」 역시, "갈바람 불어 / 무서리 내리"는 서늘한 음영이 깊다. 한편, 「고장난 신호」에 이르면, 왜, 그녀가 바그너의 오페라 '로엔그린' 3막 속의 결혼 행진곡을 그토록 사랑했는지를 짐작할 수 있다. 인생은 단 한 번뿐인 기차다. 어떤 역에서 타고 내릴지 아무도 모르는 운명의 기차다. 하여, 시인들은 저마다 사랑과 이별의 방식으로 자신의 기적 소리를 울린다. 이제 돌아가야 할 시간이 왔다. 임향식의 고향 경주 이야기 「지금도 그곳엔」을 읊조리며 마지막 역驛에서 내린다.

신라의 도읍 서라벌의 옛터
꿈이 자라던

내 어릴 적 고향 집
마당에 모깃불 피워 놓고
멍석 깔고 누워 하늘을 보면
다이아몬드 흩뿌려 놓은 듯
총총히 반짝이던 별 무리
은하수 강가엔
견우직녀 사랑을 애태우고
칠흑같이 캄캄한 밤
초당 위에 하얀 박꽃으로
북두칠성 밤새 하늘을 펴 날랐지
별똥별 반딧불이 어우러져
뜬눈으로 축제를 벌이는
새벽녘이 되어서야
그믐달이 눈썹으로 솟아올라
희미하게 동녘을 밝히던…

지금도 그곳엔 맑고 푸르던
그때 그 하늘
그 별들이 살고 있을까?

—「지금도 그곳엔」 전문

경주 남산은 임향식 시인이 태어나고 자란 곳이다. 100여 곳의 절터와 80여 구의 석불, 60여 기의 석탑이 산재해 있는 남산은, 신라 천년의 보물이자 노천박물관이다. 변화무쌍한

수많은 계곡과 기암괴석들이 불국토를 이룬다. 남산에 오르지 않고서는 신라인의 미의식과 예술을 보았다고, 감히 말할 수 없다. 그녀는 큰할아버지가 기거하시던 이요당二樂堂과 조부가 거하시던 산수당山水堂에서 어린 소녀 시절을 보냈다. 이요당에서 바라본 연꽃 핀 서출지는 그림 같았다. 이요당二樂堂은 반은 땅 위에 있고 반은 물위에 있는 정丁자 모양으로 된 정자이다. 분홍 꽃봉오리와 연잎 사이로 날개를 편 듯한 기와지붕 추녀가, 물속에 거꾸로 비쳐 어른거리는, 참으로 운치 있는 곳이다. 여름 노을 무렵 못둑에 핀 백일홍 꽃무리들은 장관이었다. 임 시인은 혼인하여 마을을 떠나기 전까지, 풍류와 반가 여인의 법도를 이곳에서 익혔다. 또한 그녀의 마을 앞에는 문천이 사철 흐르고 뒤에는 수려한 금오산이 병풍처럼 둘러있다. 그녀 집 마당 곁에는 보물 제124호인 동·서삼층석탑(慶州南山洞東·西三層石塔)이, 서로 다른 모습으로 표현되어 있다. 그들 형제자매는 어릴 때부터 신라 천년의 보물과 국보를 제 장난감인 양 가지고 논 셈이다.

임향식의 시 「지금도 그곳엔」은, 이 쌍탑을 중심으로 얽혀 있는 추억의 노래다. 그녀는 태어날 때부터 신라 천년의 불교 미학을 흠뻑 받은 축복의 시인이다. 보물 쌍탑을 오르내리며 밤새 "북두칠성"을 퍼 나르던 그 소녀의 사랑과 이별 이야기는 삼국유사 속의 그 아름다운 신라 처녀들에게서 배웠을 것이다. 그녀 시가 불교적 인연관으로 엮어져 있는 까닭은, 토함산 불국사의 그 장엄함 때문이리라. 하여 이번 임향식의 2시집 『오늘은 더욱 낯설어』는, 추억의 복원과 불교적 미의식, 탁월한 감각적 심상을 자신만의 시로 녹여낸, '돌아보다 문득, 만난 풍경'으로 규정된다.

임향식 시집

오늘은 더욱 낯설어

초판 1쇄 발행 2023년 1월 30일

지은이 임향식
펴낸이 이은재
펴낸곳 도서출판 그루

출판등록 1983. 3. 26(제1-61호)
42452 대구광역시 남구 큰골 3길 30
TEL 053-253-7872 / FAX 053-257-7884
E-mail / guroo@guroo.co.kr

값 10,000원
ISBN 978-89-8069-479-2